Kim So-Won

시인 김소원

그리운 오늘

시인 김소원 金素園

대구 출생

경북대학교 수학과 졸업

2002년 『문학과 경계』 신인상으로 등단

2006년 시집 『시집 속의 칼』 출간

2007년 편운문학상 신인상 수상

E-mail: sophia-ksw@hanmail.net

그리운 오늘

지은이 | 김소원

펴낸이 | 김재돈

펴낸곳 | 도서출판 시와시학

1판1쇄 | 2011년 11월 20일

출판등록 | 2010년 8월 10일

등록번호 | 제2010-000036호

주소 | 서울 종로구 명륜동1가 42

전화 | 744-0110

FAX | 3672-2674

값 8,000원

ISBN 978-89-94889-24-5 03810

김소원 시집

그리운 오늘

시학
Poetics

■ 시인의 말

시인이 시를 쓴다?
아니다.
시가 시인을 쓴다.

2011. 11
김소원

차 례

제2부 안개는 잠포록이

제3부 빈손에 내려앉는 밤새 소리

제4부 사붓

제1부
바삭바삭한 이야기

서랍 속의 잠

분첩 열면 꽃씨들 환히 걸어 나와요

돋보기로 아버지의 눈빛을 모아요

달고나 쪽자 아지랑이 핀 연탄화로에

낮별 하나둘 뛰어들어요

바삭바삭한 이야기가 궁금한지

봄비는 초인종 소리를 내요

오르골 갉아 먹은 새앙쥐

별자리 따라가며 오줌을 눠요

문이 닫히질 않아요

가시버시

가을 산에 갔지 서로 존댓말을 쓰던 시절
아랫배 터질듯 부풀어 올랐는데
산속 어디에도 해우소는 없었지

쩔쩔매는 나를 위해 그가 나섰지
길을 벗어나 거우듬한 바위 뒤
가을 뱀 무섭다며 삭정이로 훑어 주곤
하나, 둘, 세 걸음 앞에 등지고 서 있었지

스적대는 나뭇잎 위에 조심조심 나를 열며
누가 올까 봐 그가 돌아볼까 봐
숨죽인 억새꽃 팽팽한 수틀에
멧새 한 마리 날아와 부리를 꽂았지

일을 마치고도 한참 머뭇거리다
가만히 다가가 쓰윽, 팔짱을 꼈지
산딸기 술은 왜 그렇게 권했냐며
하얗게 눈 흘길 때 피어나던 뺨 노을

말없이 산길 내려오며
성근 턱수염에 볼 부비고 싶었지
꼭 그 자리 서 있어 달라고
도린곁에서 나 홀로 흔들릴 때
부끄러운 소리 들리지 않을 만큼의 자리
똬리 튼 세상 뱀들에게서 나를 지켜 주며
언제까지나 함께해 달라 청하고 싶었지

소나기는 그쳤을까?

소롱골 종호네 무밭 옆이었다
볏가리 속은 벌써 저녁
— 고구마 아직 따시네
모짝모짝 껍질째 삼킨 속살
노란 햇무리로 볏단에 스며들었다
빗자루로도 가린다는 가을비가
어째 그치질 않고
종호의 눈망울 또록또록 보였다
귀밑머리 몇 가닥 손가락에 감아 보다가
보이지 않는 글자를 땅바닥에 쓰다가
그 애 손 가만히 가져다
내 옷섶에 넣어 주었다
— 금방 까 놓은 새알 니가 품고 있구나
가슴에 콩새 한 마리 새근발딱거렸다
— 요짝에도 하나 더 있어
속눈썹 위로 저녁 이내 자모록 내려앉고
우릴 부르는 소리 골골짝짝 메아리졌다

그 사람

비와 이슬을 더 좋아하는 사람
홀로 제 우듬지 키우기보다
이랑 가지런히 잔물결이 되어 주는 사람
높은음자리표로 참새들의 아침을 깨우는 사람
제 몸 덖고 덖으며
떫은 세상 참고 기다리는 사람
끓는 심사 한 풀 식혀
찬 그릇도 담담히 덥혀 주는 그 사람
은어 떼 헤살 짓는 강물의 빛깔로
개운하고 맑아도 심심치 않은,
첫 만남보다
그 다음 그 다음이 더 설레는 사람
차를 즐기다가
어느새 스스로 차의 향기가 되는 사람
나도 그 누군가의 다향이 되어 살고 싶게 만드는
늘 아침 찻물 같은 그 사람

소나기

앞이 캄캄해졌지요
순간, 돌풍이 분 듯도 해요
몇 마디 주고받은 말이
나뭇잎 창窓에 튕겨
후둑투둑 뺨을 두들길 땐
우산 펼쳐 들 겨를도 없었지요
내리꽂히는 눈길
낡은 우산으로는 막을 수 없어
말없이 발끝 보며 걸었지요
익숙한 길모퉁이 돌아서자
와락 안겨 든 작달비
사랑은 접촉사고 같아
늘 다니던 길이어도, 아무리 조심해도
누군들 피할 재간 없는
한낮의 소나기
애써 달아나 봤자 다 젖을 수밖에요
눈 감고 빗줄기에 나를 맡겨요
이미 젖은 나무 그대 곁에서

아침 바이엘

유채꽃 노랑노랑 둑길을 달려요
동쪽 하늘가 전깃줄이
주욱 죽 오선을 그었어요
나는 차 유리창에 얼른 높은음자리표를 그려요
아침 해가 부웅 떠올라
온음표로 자리 잡아요
레
굴다리 지나고
솔
빨래터 다다르자
시
해의 음자리 점점 올라가요
참새들 목청도 높아져요
어느새 오선을 넘어
이제 내가 따라 부를 수 없어요
새들은 높은 파 자리에 모여 앉아
스타카토를 연습해요
새들은 레가토는 안하고 스타카토만 해서
부리가 딴딴해졌나 봐요

나비의 잠

개나리 꽃이불 아래 반듯이 누운 엄마에게
큰오빠부터 차례차례 인사를 한다
닦고 머리 빗고 로션까지 바른 얼굴
살구 비누 향 촉촉하다

주름진 이마에 입 맞추며
하얀 꽃뿌리 쓸어넘긴다
사스락, 모시날개 접히는 소리
서늘한 뺨 어루만지는 나는 여전히 막내
엄마 자? 엄마 자?

밥상 펴고 공부하던 밤
아랫목 여울여울 잠이 기웃거리면
엄마를 흔들어 나를 깨우곤 했다
자는 거 아니야, 기도하고 있지
나비는 고단해도 잠들 수 없었다

형광등 불빛 눈 시리잖아 돌아누워, 엄마

내 공부 아직은 멀었는데
손때 묻은 묵주 알 이제 돌지 않는다
겹겹 고치실 풀면 새봄일 텐데
나비의 혼곤한 잠 스란치마 끌며 겨울로 가는가

그리운 오늘

누가 뭐래도 유관순 스타일이지 선배의 충고대로 검정 원피스와 흰 재킷을 샀다 재킷의 길이는 좀 짧아야 한다 구두는 피부색에 가까울 것, 거울 앞에서 다리와 발의 각도에 몰두했다 어깨는 펴고 가슴 내밀고 배는 집어넣을 것, 도도해 보이지도 헤퍼 보이지도 않게 미소 연습도 했다 아침 일찍 미용실에 갔다 졸업사진 코스가 따로 있었다 내겐 아나운서 스타일을 권했다 미래의 시아버지가 좋아할 거라며

웃음소리 비눗방울로 떠올랐다 반사판은 그늘도 환하게 만들었다 팔짱을 끼고 위스키, 턱을 괴고 치즈를 외쳤다 정면 상하좌우 실내와 야외에서 나는 정물이 되어 주었다 컴퓨터 파일로 받은 십여 개의 이미지 사진, 절묘한 포토샵은 내 동그란 턱 선을 꿈의 V라인으로 바꾸었다 교정의 신록은 얼음 볼 샐러드같이 상큼했다 친구들에게 묻고 엄마의 동의까지 얻어 3번 이미지로 정했다 며칠 후 과대표가 여친 졸업사진이라며 보여 줬다 남의 사진으로 장난하지 마라 쏘아붙이고

자세히 보니 배경과 자세가 내 거랑 똑 같다 관광지 그림 패널 뒤에서 머리만 내밀고 찍은 사진마냥,

그녀와 나는 우리 회사 카탈로그에 올릴 동일 제품이었다, 제조번호 바코드만 다른

소금 주머니

눈길 얼음길 주리고 지쳐
한 발짝조차 옮길 수 없을 때
순록은 무릎 꺾어 등을 낮춘다

일생 누군가의 짐바리로 걷고 또 걸으며
눈 속 마른 나무껍질과 이끼만으로
젖과 고기를 기꺼이 내어준다

바라는 건 몇 톨의 소금, 그 아리고 쓴 맛이
생의 무게를 돌연 가볍게 하는지
종이 봉지 바스락거리는 소리까지
맛있게 맛있게 핥는다

상처가 아물지 않은 이들의 아무르 강가
타이거 숲속 순백의 광야를
묵묵히 함께 걸어갈 나의 순록, 있을까?
내 소금 주머니는 벌써 비었는데

꽃의 신방新房

꽃 지기 전에 다녀가라는 그 말
보고 싶다는 고백보다 붉게 물들어
마음 먼저 가 닿았네

막대 손끝에 매달려 우듬지에 이르는
꽃들의 짧고 긴 입맞춤
봄두렁 건너온 자운영 바람도
뒤꿈치 들고 기웃거렸네

오늘 밤 꽃의 신방들 환하겠다며
아낙들의 노래받이뺨 발개질 즈음
묻어 둔 첫 입맞춤 아릿아릿 피어나
꽃입술 포개어 가만히 눈 감았네

배 한 상자 싣고 돌아오는 길
산모롱이 돌 때마다 아득히 풍겨 오는 단내라니
나의 배꽃 어느새 영글어 맺혔는가
남겨 둔 그리움이 못내 어두운 길 뒤따라와
달빛별빛 소곤대고 있는가

바로 그 날

애니메이션학교에 가는 정오께, 끈적대는 잠 떼어내며 모국어를 삼킨다, 낫토에 김 한 장 얹은 점심, 그림도 늘지를 않고…… 젖은 손이 좀 마르려면, 그들 옆에 나란히 앉으려면 귀와 입 열려야 하는데 그저 손과 눈만 움직이다 저무는 하루, 방 안에서 살아 파닥이는 건 노트북 커서뿐 글에서 말까지 모래바람길 현청 가는 버스길 묻고는 굳어 버린 혀, 이찌니어학원, 오하요니폰에서 갈고 또 닦았건만 더는 들어오지도 나가지도 않는 이방의 말, 저녁 내내 이것도 좀, 수고했어요, 를 되감아 들으며 양파를 깐다 하이, 도조! 연발하며 퉁퉁 불은 손으로 열쇠를 돌린다 조간신문 자전거 따라 열리는 새벽 귀갓길, 잠의 분말 눈꺼풀 위에 내려 쌓이고 내일은 꼭 세수하고 자야지 또 한 장 일력을 눕힌다 눅눅한 다다미에 눌어붙은 고요는 이 방의 오랜 동거인, 그와 뒹굴며 잠을 청한다

벳부에 온 지 여덟 달 반, 안대를 하고라도 눈을 붙여야겠는데 아침부터 소란하다 몇 마디 말이 잠을 헝

클고 밀어낸다 소곤소곤 재빨리 말하는 통에 도대체 풀 수 없던 암호들, 귀에 와 꼭꼭 박힌다 귀를 틀어막고 베개 깊숙이 묻는다 힘주어 눈을 감고 귓바퀴 흔들어 본다 그래도 고스란히 담기는 말, 이런! 이제야 들린다 그들의 말

삼십 년 만에… 처음이에요… 이런… 하수구가… 막혔네요…

신두리에는 신들이 산다

목 좀 마르면 어떠리
꽃 피지 않아도
열매 없어도 그냥 좋으리
먹고사는 일일랑
인간버러지들이나 걱정할 일
표범장지뱀 스르륵 지나간 자리
금개구리 폴삭폴삭 튀고
종달새는 흐린 하늘 향해
푸른 울음 한 줄기 쏘아 올리리
온몸을 모래에 묻은 통보리사초
이삭모개만 내놓고도 연둣빛 꿈을 꾸리
뿌리와 줄기 가르는 일 따위가
신의 관심사는 아닐 것
낙원이란 인간이 그린 꿈일 뿐
바람의 발자국 위에 해와 달 뒹굴며
가시나무 줄기 끝으로
해당화 떨기 아리게 붉어 오는 모래언덕
얽히고 무너짐이 바로 세상사라고

살아 움직이는 말씀들

쟁쟁쟁 울려온다

큰 말씀들 느낌표로 걸어다닌다

거미 여인

새끼 거미 엘리베이터로 내려간 즉시 폰을 연다 밤사이 들어온 이메일 확인 트위터의 재잘거림 듣고, 페이스 북 담벼락 확인하느라 여덟 개의 눈 두리번거린다 거미는 씹어 먹지 않는다 쪽쪽 빨아 먹는 아침 야채즙 묻은 푸른 입술을 닦는데 거미줄이 출렁, 다음주화요일사랑외과유방암정기검진일입니다

필링크림으로 뺨을 문지른다 나의 오늘 매끈하라 각질 따위 퍼석거리지 마라 공들여 속눈썹 밀어 올리는데 오늘 점심 약속 취소한다는 호랑거미 엄마의 전화, 이 거미는 언제나 제 맘대로야 은마 윤 선생 블로그와 엄친아1% 카페는 수험생 엄마 거미의 필수 코스 앞서가는 그대 청담 노블리주클럽에 들렀다가 네일아트 최 선생이 샵을 옮긴다니 구름떡 한 바구니 보내고 새끼 거미 담임 와이프가 통계청으로 갔다니 축하 난 하나 주문하고 송금하고 생물 II 과외비 입금날짜 알리는 문자 메시지 보내고 점심때가 지났건만 거미줄이 옴짝 않는다 냉동 떡 비닐 벗기며 달력을 본다 음력 날짜 짚어 보니 오늘이 바로 생일,

창밖 나뭇잎들 고요하다 출장 간 서방 거미는 모레나 돼야 올 텐데 에이 누구라도 걸려들겠지 아스라한 곳에 올라 공중비행을 한다 불안의 벼랑에서 던지는 자일, 아프게 줄을 뽑는다 실젖이 해지도록 뽑고 촘촘히 짜고 고쳐 물샐틈없어야 한다 빗방울 맺혀 더욱 선명한 그물망, 종일토록 잠잠하더니 어둑해져서야 흔들린다 그럼 그렇지 내 생일인데

귀하는삼천만원전화즉시신용대출고객이십니다개미캐피탈

큰 빚

이사 간 친구가 물려준 주말농장
돌멩이 가려내고 흙덩이 깼다
북을 돋우고 이랑 만들어
배추 한 봉지 열무 두 봉지 묻었다

고추묘 가지묘 남았다며
오누이 같은 이웃 부부 웃었다
한 평 땅이 이리도 넓은가
이거 저거 심어도 반 너머 맨살이더니
한 주 걸러 와 보면
토마토도 옥수수도 심어져 있다

감기 오래 앓고 한 달 만에 와 보니
배추는 잘 솎아져
때맞춰 물밥 잘 얻어먹고
포릇포릇 상글상글 자라 있다

눈매 선한 이웃과

비와 바람과 해의 농사
말없이 다 받아 안고 어르시는
봄 어머니의 도타운 흙 손까지

밥

한 달 한 번 귀약 선인장에 물 주는 날
나의 달꽃도 그즈음에 피었다
월급을 받고 선인장에 물을 주고
웨하스 한 상자 사서 엄마에게 갔다
눈으로 냄새로만 알아듣던 엄마
밥도 잠도 잊고 우리는 서로를 안았다

귀약 선인장은 두 배로 자랐다
샛노란 꽃 밀어 올리며 새끼도 두 개나 쳤다
엄마 머리맡에 스타치스 바구니 두고 왔다
물에 꽂지 않아도 시들지 않는 꽃,
병원에서 돌아와선 양푼에 비빈 밥
그와 마주 앉아 허겁지겁 먹었다

느닷없이 그의 월급이 끊겼다
월급날 없어지자 물 주는 일 잊어버렸다
시들시들하던 달꽃 말라 버리고
웨하스와 스타치스 더는 사지 않았다

엄마 병실에서 마른 스타치스를 찾아왔다
생화와 그다지 다르지 않다
몇 달 물 안 먹고도 선인장은 살아 있는데
언제부턴가 그와 나는 밥도 따로 먹으며
서로의 등에다 말을 건넨다

배꽃 녹턴Nocturne

오랜만에 대취한 봄밤
핸드폰 창에 그리운 달빛 떠 있다
지난 가을, 그의 부재로 시작되더니
오늘 밤 세 번이나 나의 창 두드렸구나

—요즘의 배꽃 꼭 보여 주고 싶어
—다다음 주쯤 꼭 한번 갈게
—꽃은
—잘 들어가세요
—이번 주까지만
—야 오늘 좋았어
—이쁠 것 같은데
—그래 또 만나자

다문다문 터지는 벚꽃 이파리들
—밤늦게 혼자 다니지 마
낮은 목소리 서늘히 멀어진다

흙비 꽃비 쏟아질 때
나란히 걸으며 함께 젖어 주던 그 사람
달빛 숨 고르는 산비알에서
입술 파르르 떨고 있구나
하얗게 제 몸 깨물고 있구나

제2부

안개는 잠포록이

부채負債

차창을 내리며 선한 눈매 웃고 있다
오늘도 집 앞에서 한참을 기다린 차
내 차 핸들보다
이 조수석 안전벨트가 더 편하다

캄캄한 보닛 함께 들여다보며 아침을 기다리던
늦가을 속초 앞바다 7번 국도
꽁꽁 얼어붙은 나에게 어깨 빌려 주고
밀며 끌며 내려온 향적봉의 저녁, 낮보다 환했다

우리 어머니 떠나셨을 때
나보다 더 오래 울고는
가만히 빈 잔 채워 주던 바알간 눈
떨고 있었다, 빈소 옆 나목에 국화 꽃잎 쌓이던 밤

내가 찾을 때쯤이면 먼저 전화하는 이
망설임의 깊은 잠 깨우는 모닝콜이다
마음속 가시들 봄순같이 연해진다
만나면 먼저 깊은 우물 파는 저 야윈 볼

저 환한 깃발

님 오신 날 기다리며
경찰서 담장에도 지등이 걸렸습니다
국태민안 안—민—태—국
소원성취 원—성—취—소
한 자씩 읽으며 천천히 걷다 보니
홀연 한 송이 수련 피어나 머릿속이 환해집니다

거꾸로 읽고 한 박자 늦춰 읽으니
참 좋은 말씀이 되네요
편안한 백성이
나라를 태평하게 만들고
원성을 취소하면 바로
소원이 성취된다는 것

천천히 보고
되돌려 생각하며 살라 이르시네요
고개 돌려 담장 안을 들여다보다
더 밝고 큰 꽃 찾아냈는데요

어둠에 가둘 사람 이젠 없다고
정문 앞에서 하얗게 펄럭이는
저 환하고 따스한 꽃 깃발

문밖에서

달려와 지퍼를 내린다
세상 흘러가는 소리, 저리도 맹렬하건만
나의 물줄기는 고즈넉하다

목 타는 봄날 먼지잼같이
방울방울 듣는 기억의 얼룩 한가운데
학교 변소 바람벽 뿌연 오줌산山 그림
나도 한때는 물총 쏘기의 일인자였지

떨고 서 있는 내 모습보다
떨어지는 소리가 더 궁금한가
문밖의 아내여

캄캄하게 슬퍼도 죽을 만치 아파도
꼭꼭 잠가야 했던 눈물샘
무서리 소금 알갱이로 흐려지는가

초강력 항생제조차 가 닿을 수 없는

단전 아래 고집덩어리 노려보며
다시 한 번 내 남성을 흔들어 깨운다

기다리는 것은 언제나
아픔 뒤에
멀리서
더디더디 왔었지

따스한 그늘

— 시인과 수녀

나에게 오라 내게 와서 깃들라
그 부르심 분명 들은 듯한데
가득 차서 오히려 빈 것 같은 보름달 바라보면
내 물음표의 소용돌이 더욱 깊어집니다
당신을 향해 걷고 땀 흘리며
그 안에서 웃고 눈물짓겠다고
새벽 햇귀에 서원했건만
오늘도 세상 사는 일로 하루를 보냈습니다
반짝이던 사람의 것들 모두 빛을 잃고
하늘 강 물결 소리 잦아든 이 밤
한 자루 촛불 밝히고
그 밝은 어둠 앞에 무릎을 꿇어 봅니다
내가 알아들을 수 없는 언어로
언제나 더디 응답하는 당신
침묵 속 단단한 떨림 오롯이 새겨들으려면
두꺼운 겉옷 벗어 던져야겠습니다
더 말갛게 눈과 귀 씻어야겠습니다

세상 어떤 양지보다 밝고 따스한 그늘
당신 곁으로 다가가기 위해
가시풀 헤집고 거친 들판으로 나아가겠습니다
더 깊은 어둠 속으로 걸어 들어가겠습니다

섭호攝護*

밤새의 젖은 날개 아직 귓속에 퍼덕인다

그믐달 눈썹 날 베갯잇을 베었나

개진개진 젖은 눈가 풀잎으로 닦는다

숲의 전립선**, 밤꽃이 부르르 떤다

캄캄해진 아내의 방房 빛으로 채우려는가

숲 속의 어둔 사내들 분주하다

하늘 빰 한쪽이 불콰하게 달아오른다

---

* 섭호攝護: 부처가 중생을 광명 속에 받아들여 마음으로 지키다.

** 전립선前立腺: 모양과 크기가 밤알 비슷하며 정액의 15~30퍼센트를 이루는 액체를 분비한다. 섭호선攝護腺이라고도 한다.

입동立冬

얼음비 알갱이들 잠 못 이룬 창유리 두들기며
밤새 하늘이 소리 죽여 울더니
아침에서야 그가 떠난 것 알게 되었네
얼마나 큰 존재였던가
가로수는 붉고 노란 꽃잎들을
그의 젖은 발자국 사이에 흩뿌려 두었네
그가 있어 하늘은 더 투명했고
달빛 아래 붉은 감들이
먼 마을의 등불처럼 따스했었지
웅송그린 어깨너머로 걸어가는 아침
안개는 잠포록이 들길을 이고 가네
깊숙이 묻어 온 아궁이돌 꺼내
곱은 손가락을 시집처럼 펴 보네
길 위에서 집을 기억하는 방식
사막이 태초의 비를 기록하는 방식으로
손바닥 위, 가을이 기록영화처럼 흘러가고 있네
강물은 아직도 살아 출렁이네
이제 날파람 일어나 서러운 땅 위로
뜨겁게 더 뜨겁게 흘러가겠네

역사를 청산하자고?

흰 머리카락 하나 둘
늦둥이 막내가 뽑아 준다
거울 들여다보며 내가 뽑기도 하지만
저항이라곤 도무지 모르는
하얗게 바랜 시간의 풀뿌리들
꼭꼭 숨은 것까지 들춰 뽑다 보니
정수리가 번하다
언니들 극구 말리며
이제 그만 뽑으라 한다
흰 머리카락이 검은 걸 받쳐 준다고
없는 것보다 낫지 않느냐고
죽은 나무가 산 나무의 버팀목 되어 주듯이
부끄러운 추억이 얼어붙은 마음 녹이듯이
희고 검은 머리카락 함께 어우러져
아름다운 대동 세상 이루어 간다고

칼을 버리다

북해도 여행길에 사 온 Forever
라는 이름의 물건
뽀얀 사금파리 같은 것이
손톱이라도 저며 내려는 듯 곤두서 있다

무릇 칼이란 예닐곱 차례 숯불 담금질과 천 번의 메질 겪어 내야 비로소 모룻돌 위에 제 한 몸 세우는 물건이 되거늘 한 춤에 피를 튀게 하다가도 깊이 잠들면 스스로 무뎌지고 바람과 비에 붉은 꽃 푸슬푸슬 피우거늘 그러다 일어나 맑은 마음으로 씻고 쓰윽 쓱 달빛 숫돌에 온몸 갈고 닦아야 메밀묵 한 모나마 칠 수 있게 되거늘 그렇게 그렇게 녹슬고 무너지기도 하며 삭아가는 것이거늘

벼린 몸으로 태어나
평생 파르르 날 세워 살며
늙을 줄도 모르는 백납 얼굴 세라믹 칼에게서
칼의 이름을 거두기로 한다

뼈와 벼 사이

— 키보드로 '뼈' 를 입력한다는 게 '벼' 를 치고 말았습니다

하늘바라기에도 자갈투성이에도 몸을 낮춰 한 방울 빗물까지 붙잡는 저 다랑논 싱배미 장구배미 삿갓배미 살아온 모양대로 휘어진 논배미 그 수면 아래 언 발 묻어야 벼를 싹 틔우고 제 키를 키운다지요 찰랑대는 논물 물목에 이마를 대고 땀땀 모를 꽂는 유월 한낮이 그려집니다 갈라 터진 입술들 모여 볏단 불사르고 목청껏 구호 외쳐 대다 죽고 다쳐도 쌀의 눈물이 제겐 그저 남의 일이었을 뿐, 하얀 얼굴의 나는 여태껏 몰랐던 겁니다 뼈를 깎아 그 눈물로 벼를 키운다는 것, 벼는 눈물의 살, 흙의 뼈라는 것

농부의 아들과 이십 년 넘게 살 섞고 뼈 부비며 살면서 말입니다

원로 신인

봄을 기다리는 문학 강연회 초빙강사 ㅇㅇㅇ 신인

펄럭이고 있었네 플래카드 하나
등단 반세기의 시인을 신인으로 만들어놓고
알 지知 자字 있어야 할 자리에
화합할 화和 자字 버티고 있었네
사회자는 얼굴 달아올라 말까지 꼬였지만
마이크를 잡은 원로 시인
언제나 신인으로 살라는 뜻
겸허히 받겠다 했네
많이 아는 것보다
제대로 깨쳐 가는 생
화합의 길 가라는 가르침
모두 함께 귀 기울여 듣자 했네
매화꽃잎 분분 날리던 그날
우리는 도무지 취하질 않았네
멀리서 봄 오시는 발자국 소리 들으며
밤 이슥토록 누구도 헤어지기 싫었네

늦게 핀 꽃

많은 걸 가져갔구나
금가루 솜털에서 비눗방울 웃음소리,
네 몸 지나온 분홍빛 햇살까지
다 가져갔구나
변한 것 하나 없이 어느 것도 같지 않으니

새가 머물던 자리
가늘게 휘어지던 가지 뒤의 빈 하늘도
새의 영지領地였음을 이제 알겠다
작은 날갯짓으로 비바람 흙먼지 잠재웠음을

네 빈자리에 다가온 봄
맑고 밝은 꽃잎에게도
꽉 막힌 하늘 어둠 있었구나
아리게 태운 밤의 심지 저리 깊으니

느지막이 벙근 꽃그늘 아래 홀로 듣는다
낯선 박자로 파닥이는 새의 숨결

에움길 돌아 비틀대며 찾아온,
늦게 피어
가장 마지막까지 남은 꽃

봄날을 으깨다

두 눈 지그시 감고 떼어 내었다
너를 지운 자리
더 큰 네가 자라고 있다
고인 듯 멈춰 버리는 시간의 꽃살
잘근잘근 깨물어 으깨어 보지만
끝내 붉게 물드는 나를 만나고 만다
고요히 내게 머물게 하려면
그냥 두어야 하는 것을
차라리 바라보지도 말아야 하는 것을
봄 땅 위에 꽃눈과 잎눈 잠을 깨면
너는 다시 일어나
가장 여린 속살 스치고 지나간다
깊이 묻어 둔 얼굴 살아나게 한다
잊은 듯 그 자리 다시 떠올라
아프다 단단해지는 기억의 굳은살들
더욱 무성해진다
텅 빈 우편함 무연히 바라보며
손거스러미를 또 떼어 낸다

술래의 순례

너와 나는 술래로 살아야 한다네
도마뱀같이 달아나는 자유의 꼬리
밟아야 비로소 굴레를 벗는다네
쫓고 쫓기는 생의 지느러미
지쳐 숨 가빠지면
큰 그림자 속에 안기면 된다?
모두들 느티나무 그늘에 기댄 까닭에
밤이 와도 술래의 순례 끝나지 않네
늦은 저녁상 무릎 가에 앉아
향초의 심지를 돋울까
그대 마른 잔에 넘치도록 찬 술을 따를까
함께라면 술래로 살아도 좋을 사람아
부둥켜안고 더 짙은 어둠으로 스며들까나
조각달은 살구꽃으로 한잎 두잎 지는데
그대, 내 치맛자락 밟을 수 없어
바짓단 다 젖도록 술래로 사네
그림자 술래로 살아본 사람은
결코
아픈 그림자를 밟을 수 없다네

지구는 어느 별의 감옥인가

막내네 학교 기말고사
학부모 감독 나섰는데
OMR 카드를 다섯 장째 바꾼 아이
결국엔
답안지 위에 코피를 쏟는구나

느슨해진 신들메 고쳐 매는 등성마루
돌멩이 하나 덜 쌓는다고
생의 능선이 달라질까
아이야, 지나온 나날
답도 없는 시험이었단다

제3부
빈손에 내려앉는 밤새 소리

문밖의 남자

이 집이 아니에요
잘못 찾아오셨는데요
초인종이 요란하다 금요일 늦은 밤
오 분도 안 지나서
또 찾아온 그 사내

잔말 말고 열어 어서
다짜고짜 호통에
동 호수까지 들먹이며
아니라 정말 아니라 해도
내 집을 내가 모르냐 소리치는 빈 술병

문밖의 저 남자 세 번째 문 두드린다
너무한 것 아니냐 나도 잠결 벙벙한데
이 한밤
어느 문전을 서성일까 내 남자는

달붓

그대 창에 등불 꺼지기를 기다립니다
강물에 달빛 적셔 그리고 지우고 또 그렸는데
무엇에 그리 골똘한가요, 그대
무심한 구름에 가려 이 그림 지워질까
까막가슴 조여 옵니다

이제 보이시나요
오련 쪽창에 떠오른 세필화 한 폭
세상 고운 물감들 다 물리고
달붓으로 그린 그림이랍니다
가만, 스적이는 댓잎 소리 들리나요

아시는지요, 캄캄히 눈 감아야
그대 눈가에 이 먹빛 더욱 촉촉히 젖어 옴을
달의 하얀 뿌리 그대 맨발에 닿아
그 푸른 숨소리에
달빛도 고요히 잠든다는 것

차고 이울며 깊어지는 달우물에
이제 붓을 헹궈야 할 시간
다시 눈 뜨면 어느 별자리에 깃들까요
붓길 비껴간 자리에 나, 고요히 스며들 뿐
오늘 그림의 낙관落款 그대 그림자인데

조등弔燈

화환 빼곡이 서 있는 복도에
또 한 트럭의 화환이 배달되었다
같은 차에서 내려진 것들이
이름표에 따라 모셔지고 밀려 나간다
번듯한 명함도, 가족들과 일면식도 없는 우리
얼굴 붉히며 망자와의 인연 더듬거린다
국화와 백합 더미 속 할머니, 제비꽃으로 웃고
조문객은 저들끼리 심각하다
기도서와 성가집을 꺼내려는데
다시 한 떼의 검정 양복들 몰려온다
방명록에 소속과 이름 석 자 휘갈기고
줄 서서 기다리다 일제히 엎드린다
선거와 의료 개방과 정기 인사가 관심인 그들
육개장과 수육 따위엔 눈길 주지 않는다
국장國葬에 나온 영부인 같은 맏며느리
너무 길다, 연도* 사양하며 봉투를 내민다
아들만 다섯, 서울대에 하버드에 죄다 심은
복 많은 어르신 부러울 게 뭐 있나 물을 때면

그저 웃기만 하던 아네스 할머니
선종善終 기도 청하며 여기저기 많이도 돌봤건만
임종을 지킨 건 86인치 TV였다는데
이틀이나 지나서 발견됐다지
업고 안고 살던 말티즈도 할머니 따라 갔다지

---

* 연도煉禱: 가톨릭에서 죽은 자를 위해 바치는 기도. 보통 30분 정도 소요된다.

폭설을 빌다

흩뿌리는 눈발 속에 그가 도착했다 딸 또래 여인의 차에서 내린 노시인에게 갯내는 이미 사라지고 없었다 개땅쇠라 자처하던 시인의 커프스 버튼, 고양이 눈으로 노려보았다 언제나 부스스하던 머리카락, 네온 블랙으로 변했다 와병 중인 사모님 안부를 묻자 삭은 홍어같이 일그러지던 시인과 여인

언어와 싸워라 발효시켜라 껍질을 깨라

입가에 진득한 거품까지 문 시인의 말, 좁은 방에서 웅웅거렸다 창밖으로 쏟아지는 눈발이 보였다 어수선한 식사 어색한 건배사가 오간 뒤 시인은 일어섰다 우리가 예약해 둔 호텔 마다하고 여인의 차에 먼저 올라앉았다 눈 치우던 문청들의 간곡한 만류 뿌리치고 눈이 무진장 내린다는 아랫녘을 향해 차는 떠났다 숨 가쁜 의문부호 던지며 방향지시등이 깜박거렸다

눈 쌓인 주차장에 차를 남겨 두고 나는 터벅터벅 걷기 시작했다 발이 젖어드는 것도 잊은 채 더 많은 눈이 쏟아지기를 빌었다 눈 골짜기로 숨어든 그들을 위해 한 사흘 눈 내려 길이 묶이기를, 그들이 눈의 감옥 안에 오래오래 갇히기를 대신 빌어 주었다

지구, 이 사막의 생존법
— 모로코의 함마 엘 가스미에게 배우다

배고플 때만 먹기
갈증 나기 전까지는 마시지 않기
낙타에 앞장서서 터벅터벅 걷다가
지치고 지친 후에야
낙타 등에 오르기
너무 편안한 침대에는
몸을 누이지 않기
빵 속에 모래가 버석거린다고?
모래 속에서 기도하고
모래로 닦아 정갈해진 몸인데

체 게바라가 궁금한 아침

아침에 일어선 걸 보면
남편도 아들도 우파입니다
대부분 오른쪽을 향해 있지
중도는 거의 없다는군요
요즘은 우파가 힘쓰지 못한다는데

오래도록 우파의 손길에 단 소리 내며
어느새 내 몸의 길도
우향우를 거듭했겠지요

급진좌파가 문득 궁금해지는데요
가려운 구석구석 긁어 준다면
아픈 그늘 찾아 따뜻이 덮어 준다면
좌파든 우파든 가릴 게 있겠습니까만

별리別離

달의 지평선 아스라이
어여쁜 지구가 지고 있는 사진을 보니

나 또한 누군가에게 스며들었다가
뒤도 안 보고 떠나온 눈물이었네

저리 곱고 푸르게 떴다
막막하게 지기도 한 별이었네

동반석

시름의 팔걸이 접어 올리고
기꺼이 서로 등받이가 되는 사람들
함께했던 천 가지 빛깔과 만 가지 소리
강물에 잠겨 흐르는가
갈 길 멈춘 듯 저무는 금강을 본다
노을 속 재두루미 한 마리
한 점 정물로 뜨겁게 맺혀 온다
맞닿은 무릎에 전해 오는 온기
저문 식탁 위에서
달그락 잘그락 오르내리는 수저질마냥
바라보기만 해도 배부르구나
두 사람 반의 몫으로 넷이 떠나는 길
마주 앉은 너희 둘의 생이
우리를 밀고 가는 게지
길을 등지고도
가야 할 길 가게 만드는 게지

통화권

서점 카운터에서 전화를 받는다
'밤으로의 여행' 책값을 치르다가
반가워라, 핸드폰 창에 뜬 네 이름 석 자

어렵게 연결되어도 금세 끊어져
먼 별에서 온 전보 같던 네 전화
만나서 밥 한번 먹자 했던 바로 그 전화로
네 아이는 너의 빈소를 울먹이는구나

달맞이꽃, 네겐
아침이 캄캄했을 테지
눈석이 매단 청매靑梅에겐
봄꽃 건드는 바람이 갑갑했을 테지

버릇처럼 단축번호 키를 누른다
밤의 강물은 잔잔하니?
차갑던 뺨, 이젠 따스해졌니?

전하지 못한 메시지들로 희뿌연 거리
통화권 밖을 맴돌던 네가
문득 안으로 찾아 들어온 날
봄이 무릎 펴고 일어서는 오늘은 입춘

새벽의 오르페

단잠 달아나 버리고 목이 칼칼합니다
어제따라 맵짠 닭곰탕으로
저녁내 온 가족에게 물 먹인
춘천집 욕쟁이는 명요리사가 분명합니다
그 할매 덕분에 깨어 있는 걸요
멀리 기차 소리 전화 소리 시계 소리
밤이 굴러가는 소리들에 귀 기울이다
때 묻은 노트 펼쳐 봅니다
비 오던 저녁 꽂아 둔 은측백 한 그루
그새 뿌리 내렸나
묵정밭 흙이 몸 풀었으니
이제 부지런히 봄을 갈아야겠습니다
비님이 오시는지
떠나간 사람 내가 보낸 사람
소리도 없이 걸어옵니다
발걸음마다 정다운 몸내 묻어납니다
나 같은 한 치 풀이 석 달 봄볕을 헤아리겠습니까
뻑뻑한 눈망울 촉촉 젖어 갈 즈음

반가운 소리, 이 밤이 끝나는 소리
지친 날갯죽지 접어
아침의 문틈으로 내리꽂히는 신문입니다
오르페를 만나는 새벽에는
코 골며 자 주는 남편이 고맙습니다

어여쁜 해안선

— 태안의 기적을 아시나요

타르볼 어둠의 원죄
걷어 내는 손끝으로
꼭꼭 묻어 둔 기억
아득히 밀려오는
파도리 구름포
희고 노란
점 점 점 꽃

이보다 더 고운 해안선이 있을까
훔치고 닦아 내도 어룽진 파도의 는개 자리
해맑은 뒤꿈치들이
지우고 또 지우고

즐거운 부고訃告

오늘따라 허둥대는데요 태평면 우편물취급소 오달진 주사, 팔 남매 형제자매 공납금 조르며 머리 싸맬 때 뒷산으로 강나루로 도시락만 들고 내달렸다지요 교수에 검사에 수의사로 고향 떠난 형제들 명함 바뀌 찍는 동안 삼천리 자전거로 백 리 길 오달지게 밟아 골지산 골짝까지 전보요 편지요 목청 높였다나요 노루꽁지 가방 끈에 그 어려운 보험 약관 뚜르르 꿰어서 윗말 홀아비 아랫말 과수댁 죄다 자진 가입시키고 일월암 산신암 스님 보살님에게까지 생명보험을 잘도 팔아서 경상북도 우체국 보험 판매왕에 등극했다나요 면장은 불알친구요 개장수는 예비군 동기라 오라는 데 많고 챙겨야 할 일 하나둘 아닌데 산수傘壽 모친 주무시다 세상 빌은 기별 접하고 보니 누구에게 알려야 할지 어디까지 불러야 할지 알렸다 욕먹을까 빠트렸다 서운타 할까 빈소 있는 대구로 어서 가긴 가야겠는데 때마침 출동하는 경찰차를 세워서는

지서장님요, 우리 모친 초상 치고 오께, 우리 개, 밥 좀 주이소

다시, 봄

평생교육원 문예창작반文藝創作班에
후배 하나 새로 들어왔다
만나면 먼저 인사하고
일찍 와서 칠판도 잘 닦아 놓는다
분홍 등가방 메고 와서
사탕과 초콜릿 내놓기도 한다
초등학교 교장으로 정년퇴임했다는
박순희 학생
꽁무니에 지우개 달린 몽당연필로
꼭꼭 눌러 받아쓰기도 잘한다
초등학생들 쓰는 여덟 칸짜리 공책에
또박또박 이름도 써 왔다
文創初等學校 1學年 朴順喜

빈자일등貧者一燈

조각달 빗으로 머리를 빗고
하늘 가직한 암자에
지등紙燈 하나 올리네

이름 주소 적지 않고
창호지 맨살 그대로 거네

빈손에 내려앉는 밤새 소리
호듯이 환하네
밤 이슥토록 다사하네

첼로가 있는 저녁

파블로 카잘스, 그의 손가락에는
마디마디 골이 파였을 겁니다
온몸으로 짚어 낸 활의 지문들
단풍나무 체관에 담고 있으니까요
달빛 바람에 사계四季의 현絃 죄고 늦추며
누누대의 삶 그 너머 그늘
자란자란 끌어안고 다독입니다
하루 마지막 책장 덮을 즈음 그를 만나면
무거운 어둠도 보유스름해집니다
땅 저 아래로 잦아드는 소리의 물결
지친 호반새 들숨날숨 되살아나
호숫가 수초들 호르르 떨게도 하지요
그대 어제가 너무 길었다면
혹여 오늘이 너무 숨찼다면
노을 강물에 발을 닦고
바흐의 담담한 독백 들어 보라 합니다
가까이엣 것 찾기 위해
때로는 먼 길도 떠나보라 합니다

기쁨이든 아픔이든

모든 것은 다 지나간다면서

김 신부의 고해성사

낮에 이 방에 있을 수가 없어 여기 앉아 있으면 그냥 다 보이는 거야 바로 옆 공터에 오일장이 서거든 공용 화장실은 좀 떨어져 있어 젖 뗀 강아지 세 마리 안고 나온 할배가, 집메주 보따리 막 풀어 놓은 할매가, 화장실 떡 하니 갈 수 있겠어? 사제관 뒤쪽이 오줌 누기 딱 좋은 자린가 봐 책 좀 보고 강론 구상이라도 할라치면 얼굴도 없이 엉덩이만 보여 소변 금지 써 붙여도 소용없더라고 철조망 두를 수도 없고 가위나 밤송이 그려 놓을까 생각도 해 봤어 절 싫다고 중이 떠날 수도 없고 절을 옮길 수도 없어 안 보면 그만이지 생각했는데 장에 나가 보면 장꾼들이 나를 슬슬 피하는 거라 사람들이 멀리하는 신부? 간기 빠진 소금이지 그래 생각 끝에 화장실 하나 짓기로 했어 편하게 드나들고 써 주면 참 좋겠는데 다음 장날까지는 다 돼야 할 텐데

내 아무리 치마 입고 사는 남자래도 그렇지 엉덩짝 슬쩍슬쩍 보고 싶은 맘 자꾸 들면 어떡해

천둥새를 찾아서

별안간 캄캄해질 때
투둑투둑 토란잎에 둥근 하늘 궁글 때
들리는가, 접었던 날개 펼치는 소리
모천을 향해 폭포 물살 거스르는 은어처럼
마침내 하늘 천장에 닿으면
잠시의 휴지休止도 없이
아는가, 지나온 생 송두리째 던지는 것
궁륭 유리벽에 얼음송곳 대신 부리를 박는 것
보이는가, 오랜 기다림의 균열
그 큰 소리에 놀라 병아리는 어미 닭 그늘에 숨고
우리가 지은 크고 작은 죄 잠시 고개 숙이는 사이
벼는 우쭐우쭐 키가 자라는 것이리
금이 갔던 하늘 틈새로 천상의 강물 울울탕탕 몰려와
천둥새 피 묻은 부리 씻어 주고
부서진 두개골 감싸 안는 것인데
비 그치고 열린 서녘 하늘 끝으로
천둥새 황동의 깃털로 숨어들 때
병아리와 인간과 벼를 함께 키우는
그 새를 애써 찾지는 마시라

제4부
사붓

가을로 산다

낙엽 가득한 숲길을 걷는다
빈 몸의 갈참나무 서어나무 지나자
솔잎 내음 삽상하게 전해 온다

모두 떠나보내고 처진 어깨 위로
소솜 내려앉는 소나무의 가을
소나무도 낙엽이 진다!

늘 푸르게 보였던 것은
부지런히 푸른 잎 밀어 올렸기 때문
배꽃 눈부신 한밤에도
매미 소리 울울창창한 날에도
사붓 스스로를 비웠기 때문

그는 언제나 가을로 산다
날마다 자라고 날마다 낙엽 떨구는
상록常綠의 비의秘意, 가슴에 품고
묵묵 제 허물 내려다보며
사철 가을인 생을 견딘다

봄비로 오시어요

그대 오시어요
햇볕도 바람도 비껴간 어스름의 땅
골목 깊이 가로등 울먹이는 자리
얼다 녹다 마른 눈[雪] 발자국 위를
다독다독 짚으며 오시어요

하늘 가르며 쏟아지는 소나기 말고
기다림 다 떨어내는 가을비도 말고
그대는 봄비로 오시어요
그대를 바라봄이 내겐 바로, 봄
언제나 봄이어요

그대 옷자락 스치는 소리에
굳은 땅이 봉긋 부풀 때
커튼 젖히고 창을 열어요
감추었던 얼룩들 빗물에 닦아요

깊은 겨울로 잠자던 기다림

흔들리며 밀어 올린 새싹 좀 보아요
그대, 이 밤 맨발로 걸어오시어
막 깨어난 봄을 경작하시어요

낮달

— 오성에게

그날 다친 건 내가 아니었네
어머니 행주치마 붉게 물들이며
나의 왼손 감싸 쥐었을 땐
쑥꾹새도 잠시 울음 멈추었네

시름 잊으려 내딛는 디딜방아
하늘가 노란 민들레 빙그르 돌더니
방아공이에 으깨진 것, 내 손이 아니라
차라리 당신 발등이시길 바라셨네

집개손가락 하나 못 지킨 못난 아들 때문에
어머니 반백 년도 못 채우고 떠나셨을까
젖은 흙으로 덮어도 덮어도 덮이지 않던
하산 길의 그 뻐꾹새 소리

반쪽 손톱 가지고도 나는 잘 사네
이것저것 핏대 세워 지시하고

못생긴 손가락으로 삿대질도 서슴지 않네
이 손가락 어머니 남긴 생인 것 언제나 잊고서

쑥꾹새 뻐꾹새 소리 낭자한 마당
디딜방아 확에 밀어 넣은 건
어머니의 달이었을 거네
내 손가락에서 쉬지 않고 달이 자라는 걸 보면

삼 년 하고도 아홉 달

— 신구약 성경 필사를 마치고

사천 년의 바람 새겨진 화석
서른세 해 살다간 이의 발자국
눈으로 만지고
손으로 읽었네

꽃잎에도 살을 베이는 일상과
잠시 결별하는 동안
명치 아래 잉걸불 치르르 꺼지며
엄지 연골이 붓기도 했네

그 눈물과 땀
내 마른 뿌리 촉촉히 적시면
손톱 밑 흙먼지 까만 골목도 환해질까
한 치수 큰 모자를 쓰고
세상을 넓게 안을 수 있을까

돌부리에 채여도 별을 향하는 발

향기로워라
양피지에 스민 따뜻한 피
눈으로 손으로 읽은 그것
또박또박 몸으로 받들 일 남았으니

완경完經

낯 뜨거운 말 아닌데도
얼굴에 확 불이 붙는다
볼연지 발라야 창백함 겨우 가시던
뺨이 발그레해진다

'우울' 이라는 말 우물거리다가
어렵게 어렵게 잠든다
문득 잠깨어 이부자리 만져 보면 미지근한데
목덜미에서 등줄기로 불길 흐른다
등곳길 곱은 손 덥혀 주던 주머닛돌인가

아하, 그분이 보내 주신 볼연지다
부끄러움 아는 여자로 살라고
얼어붙은 손 가만히 잡아 주며 살라고
바람 찬 등우물에 다문다문 놓으신 거다
신새벽 군불아궁이 오래오래 구운 돌

꿈꾸는 알이었다가

먹이고 기르는 젖이었던 몸
이젠 눈[眼]으로 살라 하신다
쌓인 낙엽에서 숨겨진 서신 찾아 읽으며
이 늦가을 견디라 하신다

나도 아큐처럼

옥에 갇혀도 나날의 해가 새로운 그처럼
평생 힘만 쓰고 산 거친 손에
난생 처음
붓을 잡았음에 감격한 그처럼
그것이 자기를 옭아매는 것인지
제 몸을 던지는 것인지도 모르면서
동그라미 하나 멋지게 그리려
안간힘을 쓴 그처럼
붓털 가닥의 알 수 없는 고집에
동그라미 삐쳐 나가 수박씨 모양이 되었어도
먼 훗날엔 동그랗게 그릴 수 있지 않을까 하며
가벼이 목책 안으로 들어선 그처럼

접촉사고가 나도
아이가 입원해도
사랑이 내게서 멀어져 가도
낯선 얼굴로 다가오는
시의 첫 발걸음 소리라 여기던 때 있었지

옥시기

돌밭 가까워지면
오꾸— 오꾸—
산비둘기 먼저 마중 나왔다

짤따란 고랑에 목이 긴 사람
삐뚤빼뚤 잇바디 잘도 웃었다

깽깽매미 산을 메고 가던 8월
먹고 돌아서면 배고프던 옥시기 풋머리
외할매 행주치마 사부자기 풀어
한 자루 두 자루 쥐어 주며
우리 강아지 이거 묵어라

할매는 참 용타
민민허리 어디에다 감춰 뒀다가
그 옥시기 꺼냈을까
부스스한 머리칼 걷어 주면
스스 소소 웃던 우리 할매는

소설小雪

몇 남은 잎들 찬비에 떨어져
산의 겻속이 번하다
내가 헤맨 길
우리가 엉겼던 길
그가 떠나간 길

작은 등성 올라 멀찍이 바라보면
이 비탈 저 골짜기가
한달음인지
호젓한지
근사한지
좀 알겠다
이제야

꽃피고 잎 진 자리
다 꽃이다

상고대 핀 내 머리 위에 큰 눈 덮이면

저 오련한 길 다 가려져
길인지 허방인지 분간 못할 터
눈 내리기 전에
얼어붙기 전에
저 길들 몸으로 톺아
아로새기고 북돋우며

가실댁

성근 정수리로 햇볕 가시 따가워지며
허리춤 옥수수는 잘 익었다
점심 한 술 떴던가조차 기억이 안 나
방금 밥 먹었다며 웃던 어머니
오목한 볼이 밥 한 그릇 뚝딱 비우신다

펄펄 밥심으로 꺾은 옥수수
젖은 수염 걷어낸 알맹이
속살속살 희끗한 저 눈썹이야
땀으로 씻은 낮달

—싹 다 갖고 가서 아아덜 삶아 줘라

빈 옥수숫대 베어 넘기자
석비레 땅 딛고 선 발등에
검붉은 핏줄 가닥가닥 도드라졌다

—저짝에 쌓아 둬라 저게 불땀은 그만이여

처서處暑 지난 바람에 모기주둥이 삐뚤어지면
아궁지에 군불 좀 넣어야 등을 눕히쟈

보얀 마당가 옥수수 껍질 위로
송장메뚜기 두엇 튀어 오르고
멍석 위의 고추
햇살 쟁여 투명해지고 있다

어려운 말

작고한 김 추기경은 아홉 가지 말을 했다

우리말에다 일본어
공부하면서 영어와 독일어
신학교 기도문인 라틴어
이탈리아어와 프랑스어도 조금

그리고 그가 한 말은
참말과 거짓말

웃으며 들어와 울고 나간다는 프랑스어보다
신학생들 목 조르는 라틴어보다
제일 쉽고도 어려운 말은
거짓말이라고 했다

다, 시詩다

다 시시해 보였던 것들

다시 보니

다

시詩다

달거울

결 고운 싸리비
싸리비가 쓸어 가네
웁쌀* 같은 어둠의 거죽들

밤여치 젖은 날개와 별 부스러기들
소살소살 귀엣말 주고받는 사이
말갛게 씻은 어머니
그믐달 달빛으로 가르마 타시네

하늘 무겁다며 내려앉는 감잎도
그날이 그날이라 중얼대는 뒤란 댓잎도
마당 한 귀에서 다소곳해지네

바람의 아가야
나와 보려무나
하늘강 여울까지 되비추는 마당

여든 해 넘어 참따랗게 닦아 온
구릿빛 저 땅거울에

* 웁쌀: 잡곡 위에 조금 얹어 안치는 쌀.

푸른 민주주의

한쪽으로 조금만 기우뚱해도
논은 더 이상 논이 아니랍니다
징게맹게 너른 들에서
외배미 용배미 깔딱배미까지
저들이 이뤄 낸 소담스런 세상 보세요
모양새와 크기 달라도
가지런한 이마 선과 푸른 정수리들
어깨 낮추어 하늘 받들고 있지요
비와 햇살 골고루 나누는
이음매 아스라한 저 조각보 아래
땅어머니가 차려내 주시는
따숩고 기름진 밥상
아가, 마이 묵어라

무엇이 남을까

저기, 누군가 보고 있다
뭉근히 익힌 김치찌개를 놓고
자우룩한 아침상
게게 풀린 눈 속에
간밤의 말들 토막 진다

나를 노려보는
새우의 저 두 눈
살점 다 잃고도 할 말 해야겠다는 듯
선명히 찌푸린 좁은 미간

바다의 따옴표!

아이들하고만 홋카이도에 와 보니

연어 나베를 먹으면서도 아빠,
유황 냄새 가득 지옥화산에서도 아빠,
아이들이 제 아빠를 찾는다

가족이라는 울타리
조금 어긋나면
가죽 부대처럼 헐렁해져선
거죽만 남고
그러다가 하나 빠지고 나면
그만 기죽고 말아

반드시
반듯이, 다, 채워져
한 가마에 함께 시달리며 비로소 완성되는
애벌구이 그릇

한때, 나를 가두는
가죽 해자라 생각도 했지

오후 5시

한사코 걷길 고집하는 당신을 태우러
낡은 차 몰고 집을 나섭니다
뾰족구두 신어도 뒤꿈치 치켜들던 지평선
가만히 내려앉아 당신 성에 닿습니다
잘 다듬어진 정원수들 돌아가면 뒤뜰
꽃잎 열리는 소리
꽃술 포개는 소리
깨알 같은 꽃들 치마폭에 담습니다
마지막 장작 한 개비마저 던져 넣고
빈손으로 일어서던 당신이
내게 뚜벅뚜벅 걸어온 날
참 먼 길 돌아온 어깨 위에 내리던 빛
과 그림자를 하나로 보았지요
당신의 추위와 쓸쓸함 들여다보면서
내 못난 구석도 어느새 환해집니다
그늘 가운데 떠오르는 빛 알갱이들 보며
기억의 생채기들 꼬득꼬득 아뭅니다
이제 오후 다섯 시
밤은 아직 멀지 않나요

내력來歷

여고 시절 학도호국단 깃발 아래 내 별명은 통일
국토순례 끝자락에서 먹먹한 가슴으로 불렀던
우리의 소원所願은 통일

곡률과 위상 파헤치던 수학과 캠퍼스에선
대원大圓과 접점 찾느라 밤을 지샜다
소원小圓끼리 만나고 포개져 마침내 동심원 이루었고

남편 연구소 소장이 보낸 편지
친애하는 소원所員가족 여러분 하더니
첫아이 낳았을 땐 사극 투로
소원 마마의 순산을 감축드린다 했다

먼 길 돌아와 붉은 눈자위 들여다본 저녁
소원을 통해 소원 풀었다 그는 말했다
때로는 묻지 않는 편이 더 나을 때도 있는 법

시를 쓰고부터 나의 소원은

A형의 피를 C[詩]로 바꾸는 것, 하나 더 보탠다면
내 소중한 것들로부터 소원疏遠해지지 않는 것
점순이, 박새, 서랍 속 꽃씨 봉투들로부터

도다리 쑥국

올해 동백은 늦은 편이네요
삼십 년 연인과 저녁 바다를 걸어요
바닷물이 막 빠지기 시작해요

말갛게 씻긴 모래밭 위에
하나둘 물새 발자국
저 도화지 펼쳐지도록 날개를 파닥였겠지요

좋은 그림은 기다림 끝에 나오는 거군요
그것도 아주 잠깐
많은 색이 필요하지도 않네요

바로 이 맛이에요
중간 크기 도다리 반 토막에 햇쑥 한 줌
동백 그림자 어린 남쪽 바닷물 두 종지면 족해요
갖은 양념 넣어야
사는 맛 나는 건 아니네요

이제 나는 이 저녁을 위해
한 해를 즐거이 기다릴 수 있겠어요
통영 바닷가 앙다문 동백 봉오리에
춘설이나 파묻는 저 바람을
조금도 미워하지 않을 것 같아요

종이 거울

텅 빈 교실 아이 자리에 앉아 본다
아파트 지붕에 끼워져 색종이 조각만한 하늘
그보다 몇 배는 넓은 교실 천장
열아홉 개 형광등과 붙박이 에어컨, 빔 프로젝터 사이사이
농구공 구름 운동화 구름 떠 있다

천장에서 공을 튀기며 놀던 아이들
제 한 몸으로 지구를 떠안고 윈드밀 헤드스핀
교실은 여전히 자전 중이다
운두 높은 사발에 갇혀
한사코 달그락거리는 빈 도시락

한평생 집을 짊어지고 다닌 아비
뿌리를 잊지 마라 목이 메는데
아이는 집을 견디지 못해 떠나려 한다
새들의 기낭氣囊 같은 호주머니 속 운석 하나
들여다보고 문지르면 제 무게 이기고 날 수 있을까

빛이 빚어내는 먼지기둥과
어두워지기를 서두르는 빌딩 사이
광속으로 만나 먼지로 흩어지며
아스팔트 위에서도 덜컹대는 큰 가방

천천히 걸어야 먼 목적지에 다다른다는 말에
눈 매운 활자들 보고 또 보지만
종이거울엔 하늘 한 조각 비치지 않고
어미는 늘 SKY를 꿈꾸라 하지?
아이야, 이 저녁 네 의자에 앉아 하늘 본다

작품 해설

반성적 사유와 자유에의 길

김 재 홍

(문학평론가 · 경희대 교수)

2002년 등단하여 첫 시집 『시집 속의 칼』을 상재하고 2007년 편운문학상 신인상을 수상한 바 있는 김소원 시인. 그는 비록 늦깎이 시인이지만 오늘도 여전히 성실하게 각고 정진 시업의 길을 가고 있는 형성형 시인이고 진행형 시인의 한 사람에 해당한다.

그의 시는 마치 그의 인품처럼 부드럽되 약하지 않고, 겸손하되 강철같이 향그러운 시심의 쇠망치를 내장하고 있다는 점에서, 김 시인은 오늘날 활동하는 신진 시인 가운데 개성적이고 역량 있는 한 사람으로 평가받기에 부족함이 없다.

이에 두 번째 시집 『그리운 오늘』을 새로이 상재하는 김 시인을 격려하는 뜻에서 간략하게 그 시세계를 살펴보기로 한다.

1. 반성적 사유와 상생의 시학을 향하여

김소원의 새 시집을 관류하는 기본 형질은 생에 대해, 세계에 대해 끊임없이 관심을 가지면서 스스로의 삶을 되돌아보는 반성적 사유에 놓여진다.

흰 머리카락 하나 둘
늦둥이 막내가 뽑아 준다
거울 들여다보며 내가 뽑기도 하지만
저항이라곤 도무지 모르는
하얗게 바랜 시간의 풀뿌리들
꼭꼭 숨은 것까지 들춰 뽑다 보니
정수리가 번하다
언니들 극구 말리며
이제 그만 뽑으라 한다
흰 머리카락이 검은 걸 받쳐 준다고
없는 것보다 낫지 않느냐고
죽은 나무가 산 나무의 버팀목 되어 주듯이
부끄러운 추억이 얼어붙은 마음 녹이듯이
희고 검은 머리카락 함께 어우러져
아름다운 대동 세상 이루어 간다고

—「역사를 청산하자고?」 전문

이러한 뼈아픈 자기 성찰과 생에 대한 반성적 사유는 자신에 대한 것에 국한되지 아니하고 삶을 둘러싼 사회 · 현실 · 역사, 즉 세계에 대한 관심으로 확장되는 양상을 보여 준다.

인용 시는 표면구조와 내면구조, 그리고 심층구조라는 세 가지 층위로 구성되어 있는 것이 특징이다. 이 시가 표면적으로 말하고 있는 것은 나이 들며 늘어만 가는 흰머리 뽑아내기다. 자아와 세계상에 대한 반성적 사유를 상징적으로 드러낸 것이 아닐 수 없다. 흰 머리칼과 검은 머리칼의 대조 속에는 일종의 흑백논리 속에 담겨 있는 '내 편이 아니면 적' 이라는 대립적 사고와 함께 그에 대한 비판이 암시돼 있다 하겠다. 그것이 바로 내면구조에 해당한다.

오늘날 세계와 현실상은 과연 어떠한가? 한마디로 흑백논리가 상징하는 분열과 대립, 갈등과 투쟁의 시대라고 말해 볼 수 있지 않겠는가? 바로 이점에서 이 시 속에는 그러한 분단논리와 대항 논리 또는 적개심의 법칙이 판치는 현실에 대한 비판적 인식이 제시돼 있는 것으로 이해된다.

그러나 이 시는 여기에서 한 걸음 더 나아가 그러한 대립과 투쟁을 넘어서서 화해와 상생으로서 평등과 평화의 세계로 나아가야 한다는 강렬한 메시지가 심층구조를 형성하고 있다는 점에 유의할 필요가 있다. "흰 머리카락이 검은 걸 받쳐 준다고" "죽은 나무가 산 나무의 버팀목 되어 주듯이" "희고 검은 머리카락 함께 어우러져/ 아름다운 대동 세상 이루어 간다고" 라는 결구 속에는 이러한 공존과 공생 및 상생으로서 화해의 시학, 상생의 철학이 제시돼 있는 것으로 해석되기 때문이다.

이러한 표층구조와 내면구조, 그리고 심층구조라는 성층구조적인 측면은 김 시인의 시가 내밀한 사유를 바탕으로 끈질긴 공력을 기울인 결과라는 점에서 표현성과 내면성, 예술성과 사상성을 함께 포괄하고 있는 한 성과라고 판단된다. 자아에 대한 반성적 사유와 세계에 대한 비판적 성찰이 김소원 시를 이끌어 가는 견인력이며 동시에 추진력으로 작용하고 있다는 특징을 선명히 제시하고 있음을 확인할 수 있다는 뜻이다.

2. 단절과 소외 · 고독과 허무를 넘어서

이러한 반성적 사유와 더불어 시집에서 두드러지는 특징의 또 다른 한 가지는 오늘날 불연속성의 시대를 살아가는 실존의 불안과 단절, 그리고 고독과 허무에 관한 지속적인 사색이 펼쳐지고 있다는 점이다.

① 이 집이 아니에요
잘못 찾아오셨는데요
초인종이 요란하다 금요일 늦은 밤
오 분도 안 지나서
또 찾아온 그 사내

잔말 말고 열어 어서
다짜고짜 호통에

동 호수까지 들먹이며
아니라 정말 아니라 해도
내 집을 내가 모르냐 소리치는 빈 술병

문밖의 저 남자 세 번째 문 두드린다
너무한 것 아니냐 나도 잠결 벙벙한데
이 한밤
어느 문전을 서성일까 내 남자는

—「문밖의 남자」 전문

② 배고플 때만 먹기
갈증 나기 전까지는 마시지 않기
낙타에 앞장서서 터벅터벅 걷다가
지치고 지친 후에야
낙타 등에 오르기
너무 편안한 침대에는
몸을 누이지 않기
빵 속에 모래가 버석거린다고?
모래 속에서 기도하고
모래로 닦아 정갈해진 몸인데

—「지구, 이 사막의 생존법」 전문

③ 막내네 학교 기말고사
학부모 감독 나섰는데
OMR 카드를 다섯 장째 바꾼 아이
결국엔
답안지 위에 코피를 쏟는구나

느슨해진 신들메 고쳐 매는 등성마루
돌멩이 하나 덜 쌓는다고
생의 능선이 달라질까
아이야, 지나온 나날
답도 없는 시험이었단다

—「지구는 어느 별의 감옥인가」 전문

④ 아들만 다섯, 서울대에 하버드에 죄다 심은
복 많은 어르신 부러울 게 뭐 있나 물을 때면
그저 웃기만 하던 아네스 할머니
선종善終 기도 청하며 여기저기 많이도 돌봤건만
임종을 지킨 건 86인치 TV였다는데
이틀이나 지나서 발견됐다지
업고 안고 살던 말티즈도 할머니 따라 갔다지

—「조등弔燈」 부분

인용 시편들에는 오늘날 불확실성과 불연속성의 시대를 살아가는 현대인들의 단절과 소외, 불안과 방황, 그리고 고독과 허무가 짙게 깔려 있다.

먼저 시 ①에는 서로가 단절돼 있고 서로가 서로에게 소외돼 가는 현대인들의 불안한 삶, 방황하는 실존의 모습이 '문밖의 남자'로 표상돼 있다. 국외자, 소외자로서 현대인은 누구나 세상의 아웃사이더이고 서로에게 단절되고 소외돼 방황하고 있다. 이러한 고독한 실존의 불안정성이 방황하는 취객의 흔들리는 형상으로 제시돼 있는 것이다.

또한 시 ②는 오늘날 현대의 도시 사막을 한 마리의 지치고 목마른 낙타의 모습으로 걸어가는 고단하고 고독한 현대인의 초상을 날카로이 환유하고 있다. 일에 지치고 욕망과 갈증에 허덕이는 현대인의 우울과 권태, 불안과 방황이 '도시 사막을 걸어가는 낙타'로 묘파돼 있는 것이다. 다시 말해 이 시대의 불안과 불모성을 극복함으로써 참다운 삶의 길로서 "모래 속에서 기도하고/ 모래로 닦아 정갈해진 몸"으로 나아가고자 하는 갈망과 기도가 담겨 있다는 뜻이다.

아울러 시 ③에는 고단하고 불안한 현대의 풍경 속에서 살아남기 위해 발버둥치는 기성세대와 마찬가지로 어린 학생들까지도 그렇게 경쟁의 시대, 질곡의 삶을 살아가고 있다는 데 대한 안타까움과 연민이 강력하게 제시돼 있다. "답안지 위에 코피를 쏟는" 어린 학생들과 "지나온 나날/ 답도 없는 시험"에 매달리고 시달리며 살아온 기성세대들을 대조시킴으로써 오늘날 이 불모의 시대를 살아남기 위해 열심히 일하고 밥 먹고 살아가는 일이 얼마나 어렵고 힘겨운 일인가에 대한 성찰이 제시돼 있는 까닭이다.

시 ④에는 이러한 불모의 연대, 단절의 시대를 무한 경쟁 속에서 누군가는 얼마간 누리며 살아가기도 하지만 그것도 결국 언젠가는 자기 앞의 생, 고독과 허무 속에서 쓸쓸히 홀로 죽어갈 수밖에 없는 허망한 실존일 뿐이라는 데 대한 뼈아픈 인식이 제시돼 있다. 한세상 온갖 부귀와 명예 또는 보람과 기쁨 속에 살아간다 해도 마침내 절대고독, 절대허무를 향해 걸어가는 '죽음의 존재'에 불과하다는 깨달음을 제시하고 있는 것이다.

그러고 보면 이번 시집에는 앞에서 지적한 것처럼 반성적 사유를 바탕으로 하면서도 인간본질과 실존에 대한 사색으로 그 특성을 지닌다고 하겠다.

3. 뒤집어 보기와 발견의 시학

김소원이 즐겨 쓰는 시작 방법론의 하나는 이른바 낯설게 하기로서 뒤집어 보기, 새롭게 보기, 그리고 이를 통한 자유로워지기, 주인 돼서 세상 살아가기로서 발견의 시학이다.

> 시인이 시를 쓴다?
> 아니다.
> 시가 시인을 쓴다.
>
> — 시인의 말

> 님 오신 날 기다리며
> 경찰서 담장에도 지등이 걸렸습니다
> 국태민안 안-민-태-국
> 소원성취 원-성-취-소
> 한 자씩 읽으며 천천히 걷다 보니
> 홀연 한 송이 수련 피어나 머릿속이 환해집니다
>
> 거꾸로 읽고 한 박자 늦춰 읽으니
> 참 좋은 말씀이 되네요
> 편안한 백성이

나라를 태평하게 만들고
원성을 취소하면 바로
소원이 성취된다는 것

천천히 보고
되돌려 생각하며 살라 이르시네요
고개 돌려 담장 안을 들여다보다
더 밝고 큰 꽃 찾아냈는데요
어둠에 가둘 사람 이젠 없다고
정문 앞에서 하얗게 펄럭이는
저 환하고 따스한 꽃 깃발

―「저 환한 깃발」 전문

이들 시에서 사용된 기법은 낯설게 하기로서 뒤집어 보기이며 새롭게 보기이며 나아가서 발견의 시학이라고 하겠다. "국태민안 안-민-태-국/ 소원성취 원-성-취-소/ 한 자씩 읽으며 천천히 걷다 보니/ 홀연 한 송이 수련 피어나 머릿속이 환해집니다"라는 구절 속에는 이러한 뒤집어 보기로서 새롭게 보기, 자유로워지기의 정신이 선명히 드러나 있다. 아울러 "거꾸로 읽고 한 박자 늦춰 읽으니/ 참 좋은 말씀이 되네요/ 편안한 백성이/ 나라를 태평하게 만들고/ 원성을 취소하면 바로/ 소원이 성취된다는 것"과 같이 뒤집어 보기를 통해 일상에서 미처 보지 못했던 사물들을 새롭게 보는 이른바 발견의 시학, 느림의 철학을 구체화하는 것이다.

이렇게 보면 김소원의 시가 갖는 한 장점은 일상인의 평범

한 삶을 바탕으로 하면서도 끊임없이 "천천히 보고/ 되돌려 생각하며" 와 같이 낯설게 하기로서 발견의 시학과 느리게 천천히 가기로서 느림의 시학이 기본 방법이자 주안점이 되고 있다는 점이다.

이러한 발견의 시학은 삶에 관한 깨달음 또는 생의 재발견으로 확대 심화돼 간다.

① 연어 나베를 먹으면서도 아빠,
유황 냄새 가득 지옥화산에서도 아빠,
아이들이 제 아빠를 찾는다

가족이라는 울타리
조금 어긋나면
가죽 부대처럼 헐렁해져선
거죽만 남고
그러다가 하나 빠지고 나면
그만 기죽고 말아

반드시
반듯이, 다, 채워져
한 가마에 함께 시달리며 비로소 완성되는
애벌구이 그릇

한때, 나를 가두는
가죽 해자라 생각도 했지

—「아이들하고만 홋카이도에 와 보니」 전문

② 다 시시해 보였던 것들

다시 보니

다

시詩다

—「다, 시詩다」 전문

인용 시에는 이러한 시에서의 발견의 시학이 생활에서 깨달음의 시학으로 연결된다.

시 ①은 일본 가족 여행길에 동행하지 못한 가장으로서 남편·아빠에 대한 존재 의미의 재발견에 초점이 놓여진다. 그러나 정작 여기에서 중요한 것은 "한때, 나를 가두는/ 가죽해자라 생각도 했지"라는 구절에서 볼 수 있는 생의 근본 원리, 즉 진정한 자유와 평등에 대한 올바른 인식의 노력이다. 가족이, 남편이, 가정이라는 굴레가 '나를 가두는 가죽 해자'가 아니라 오히려 보호해 주고 발전시켜 줄 수 있는 삶의 중요한 원동력이자 추진력임을 새로 깨닫고 확신했다는 뜻이다.

시 ②에서도 마찬가지다. "다 시시해 보였던 것들// 다시 보니// 다// 시詩다"라는 구절 속에는 삶의 발견과 함께 진정한 시의 의미 발견 및 그에 대한 확신이 담겨 있는 것으로 해석되기 때문이다.

사실 하늘 아래 진정 새로운 것이 과연 무엇이 있겠는가?

다만 그것들을 주체가 새롭게 인식하고 변화시켜 감으로써 삶과 세계, 역사를 진전시켜 가는 것 아니겠는가. 바로 이러한 일체유심조로서 마음의 작용, 즉 지속과 변화의 노력이 시의 근본 원리이고 창작 방법이자 시를 쓰는 근원적인 이유라는 깨달음이 여기에 담겨 있다는 뜻이다.

4. 가을 정신, 또는 자유에의 길

김소원 시집에서 중요하게 드러나는 또 한 특징은 이른바 '가을 정신' 이라 부를 수 있는 가벼움 지향성 또는 자유에의 길이 지속적으로 작용하고 있다는 점이다.

낙엽 가득한 숲길을 걷는다
빈 몸의 갈참나무 서어나무 지나자
솔잎 내음 삽상하게 전해 온다

모두 떠나보내고 처진 어깨 위로
소솜 내려앉는 소나무의 가을
소나무도 낙엽이 진다!

늘 푸르게 보였던 것은
부지런히 푸른 잎 밀어 올렸기 때문
배꽃 눈부신 한밤에도
매미 소리 울울창창한 날에도
사붓 스스로를 비웠기 때문

그는 언제나 가을로 산다
날마다 자라고 날마다 낙엽 떨구는
상록常綠의 비의秘意, 가슴에 품고
묵묵 제 허물 내려다보며
사철 가을인 생을 견딘다

—「가을로 산다」 전문

이 시는 '낙엽/빈 몸/허물' 과 같은 하강시어와 함께 '떠나보내고/처진/내려앉는/진다/비우다/떨구다' 와 같은 낙하의 상상력이 어우러져 방하심放下心, 즉 마음 내려놓기로서 무욕의 길에 대한 갈망과 지향을 보여 준다. 특히 "소솜 내려앉는 소나무의 가을/ 소나무도 낙엽이 진다!// (…중략…) 묵묵 제 허물 내려다보며/ 사철 가을인 생을 견딘다" 라는 구절 속에는 스스로 버림과 비움을 통해 삶의 무게를 덜어 내고 자유에의 길로 나아가고자 하는 이른바 '가을 정신' 이 잘 형상화돼 있는 것으로 해석된다. 스스로의 탐욕과 성냄, 어리석음으로서 삼독三毒을 버리고 가벼워진 몸과 마음으로 맑고 투명하게 살고 싶다는, 살아가고자 하는 가을 정신이 표출돼 있는 것으로 판단되기 때문이다.

가을 정신이란 무엇이던가? 말 그대로 온갖 육신의 질곡과 무게가 상징하는 운명의 굴레를 벗어나서 가볍고 투명한 정신에의 길, 자유에의 길을 의미하는 게 아니던가.

바로 이 점에서 김소원 시의 핵심 주제가 이러한 가을 정신의 탐구 또는 자유에의 길에 대한 갈망과 지향에 놓임을 알

수 있다.

조각달 빛으로 머리를 빗고
하늘 가직한 암자에
지등紙燈 하나 올리네

이름 주소 적지 않고
창호지 맨살 그대로 거네

빈손에 내려앉는 밤새 소리
호듯이 환하네
밤 이슥토록 다사하네

—「빈자일등貧者一燈」 전문

이 인용 시도 이러한 가벼움 지향성 또는 투명 지향성으로서 가을 정신, 자유에의 길을 노래하고 있는 것으로 이해된다.

이 시는 소멸과 생성의 변증법으로 사랑의 원리, 자연의 순환원리를 노래하면서 끊임없이 자유에의 길로 나아가고자 하는 정신의 지향성을 드러내고 있다는 뜻이다.

이 점에서 이 시는 이러한 생성과 소멸, 소멸과 생성으로서 사랑의 원리, 인생의 원리, 자연의 원리를 소박하게 포괄적으로 노래하고 있는 것으로 이해된다. '빈자일등' 으로서 무욕의 길, 진실의 길을 밝혀 감으로써 정신의 가벼움과 밝음 지향성을 효과적으로 형상화하고 있다는 뜻이다. "조각달 빛으로 머리를 빗고/ 하늘 가직한 암자에/ 지등紙燈 하나 올리네//

이름 주소 적지 않고/ 창호지 맨살 그대로 거네"라는 구절 속에는 '창호지 맨살'로서 정신의 가벼움과 투명함의 길이 제시돼 있는 것으로 해석되기 때문이다.

5. 맺음말, 영성의 길 또는 높고 낮고 외로운 곳을 향하여

김 시인이 근본적으로 지향하는 세계는 높고 맑고 향기로운 것으로서 영성의 길, 즉 사람다운 삶, 향기로운 영혼을 지향하는 높고 맑고 깊은 그런 정신에의 길이라고 하겠다.

비와 이슬을 더 좋아하는 사람
홀로 제 우듬지 키우기보다
이랑 가지런히 잔물결이 되어 주는 사람
높은음자리표로 참새들의 아침을 깨우는 사람
제 몸 덖고 덖으며
떫은 세상 참고 기다리는 사람
끓는 심사 한 풀 식혀
찬 그릇도 담담히 덥혀 주는 그 사람
은어 떼 헤살 짓는 강물의 빛깔로
개운하고 맑아도 심심치 않은,
첫 만남보다
그 다음 그 다음이 더 설레는 사람
차를 즐기다가
어느새 스스로 차의 향기가 되는 사람
나도 그 누군가의 다향이 되어 살고 싶게 만드는

늘 아침 찻물 같은 그 사람

—「그 사람」 전문

그의 시는 근원적인 면에서 비관적인 현실 인식 또는 그늘진 생의 인식에 바탕을 두고 있는 것이 사실이다. 그러나 그의 시가 근본적으로 지향하는 것은 그렇게 어둡고 그늘진 곳에서 좀 더 밝고 맑고 향기로운 곳을 향해 나아가려는 상승에의 의지이고, 향상의 철학이다. 어둠은 어둠대로 바라보면서 그 속에서 싹트고 있는 밝은 빛과 맑은 향기를 추구하는 영성에의 길을 갈망하고 있는 것이다.

시「그 사람」이 그렇지 아니한가. "비와 이슬을 더 좋아하는 사람"처럼 어딘가 슬픔과 아픔이 깃들인 그늘진 사람을 사랑한다는 내용이 그것이다. 또한 그러한 영성의 길을 참고, 견디고, 스스로를 용서하면서 이웃에게 따스하고 세상에 도움이 되는 그런 삶의 길을 동경하는 것이다. 아울러 "첫 만남보다/ 그 다음 그 다음이 더 설레는 사람"처럼 언제나 삶을 더 새롭고 향기롭게 이끌어 나아가고자 하는 개신의 노력을 의미하기도 한다. 무엇보다도 "차를 즐기다가/ 어느새 스스로 차의 향기가 되는 사람/ 나도 그 누군가의 다향이 되어 살고 싶게 만드는/ 늘 아침 찻물 같은 그 사람"에서 보듯이 깨침과 지혜의 길로서 스스로를 이끌어 가고 이웃을 맑고 향기롭게 만들어 가는 그런 삶을 지향하는 것이다.

이렇게 본다면 결국 시인이 추구하는 것은 사람다운 삶, 향기로운 정신의 길이며 더 높은 영성에의 길이라는 점을 확인

할 수 있다.

이러한 모습은 다음 시에서 더욱 확실하게 나타난다.

나에게 오라 내게 와서 깃들라
그 부르심 분명 들은 듯한데
가득 차서 오히려 빈 것 같은 보름달 바라보면
내 물음표의 소용돌이 더욱 깊어집니다
당신을 향해 걷고 땀 흘리며
그 안에서 웃고 눈물짓겠다고
새벽 햇귀에 서원했건만
오늘도 세상 사는 일로 하루를 보냈습니다
반짝이던 사람의 것들 모두 빛을 잃고
하늘 강 물결 소리 잦아든 이 밤
한 자루 촛불 밝히고
그 밝은 어둠 앞에 무릎을 꿇어 봅니다
내가 알아들을 수 없는 언어로
언제나 더디 응답하는 당신
침묵 속 단단한 떨림 오롯이 새겨들으려면
두꺼운 겉옷 벗어 던져야겠습니다
더 말갛게 눈과 귀 씻어야겠습니다
세상 어떤 양지보다 밝고 따스한 그늘
당신 곁으로 다가가기 위해
가시풀 헤집고 거친 들판으로 나아가겠습니다
더 깊은 어둠 속으로 걸어 들어가겠습니다

—「따스한 그늘—시인과 수녀」 전문

이 시는 말 그대로 성령이 충만한 작품이라 할 수 있다. "나에게 오라 내게 와서 깃들라/ 그 부르심 분명 들은 듯한데"라는 첫 구절이 그 단적인 예가 된다. 그것은 "가득 차서 오히려 빈 것 같은 보름달 바라보면/ 내 물음표의 소용돌이 더욱 깊어집니다"와 같이 일면 의문과 회의의 길이기도 하고, "그 안에서 웃고 눈물짓겠다고/ 새벽 햇귀에 서원했건만/ 오늘도 세상 사는 일로 하루를 보냈습니다"와 같이 반성과 참회의 길이기도 하다. 아울러 "한 자루 촛불 밝히고/ 그 밝은 어둠 앞에 무릎을 꿇어 봅니다"와 같이 겸허한 기도의 길이기도 한 것이다. 무엇보다도 그것은 "언제나 더디 응답하는 당신/ 침묵 속 단단한 떨림 오롯이 새겨들으려면/ 두꺼운 겉옷 벗어 던져야겠습니다"와 같이 거짓과 위선을 떨쳐 버리는 진실에의 길이고, "당신 곁으로 다가가기 위해/ 가시풀 헤집고 거친 들판으로 나아가겠습니다/ 더 깊은 어둠 속으로 걸어 들어가겠습니다"와 같이 믿음의 가시밭길, 고난과 역경으로 점철된 참신앙의 길을 향한 것이기도 하다.

이 점에서 참신앙의 길, 영성에 이르는 길은 절망인 희망의 길이고, 어둠인 구원의 길이 아닐 수 없다. 이 시의 제목이 「따스한 그늘」이고 시인과 수녀를 더불어 노래한 점은 그것들이 바로 절망 속에서 희망을 발견하려는 노력이고 그러한 정신의 격투와 번뇌를 통해 마침내 구원과 영광에 이르려는 안간힘이자 구도의 길이라는 공통점을 발견한 까닭이라고 하겠다.

실상 시인이 세속적인 삶 속에서 구원을 갈망하는 것과 마찬가지로 수녀가 표상하는 수도자 역시 영성의 삶을 통해 구원을 향해 나아가려는 구도의 길, 순례의 길이라는 점에서 두 가지는 다함께 공통성을 지니는 것이 분명하다.

바로 여기에서 이러한 영성에의 길이 김 시인의 시를 보다 깊이 있고 단단하며 향기롭게 만들어 가는 견인력이자 추동력이라는 점을 확인할 수 있다.

이제 두 번째 시집으로 새로운 도약의 발판을 마련하고 있는 김 시인이 더욱 각고 정진하여 보다 깊이 있고 향그러운 정신세계를 이루어 갈 것을 확신하고 희망한다.